CONSIDÉRATIONS HYGIÉNIQUES

SUR LA

VILLE DE PAMIERS

PRÉSENTÉES AU CONSEIL D'HYGIÈNE PUBLIQUE

ET DE SALUBRITÉ DE L'ARRONDISSEMENT DE PAMIERS,

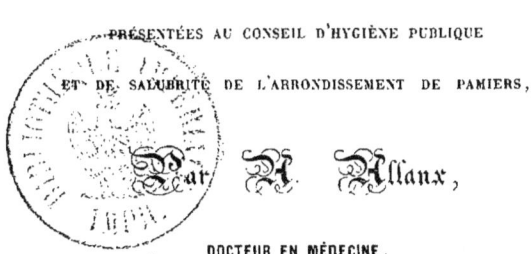

DOCTEUR EN MÉDECINE,

Membre du Conseil d'Hygiène,

ANCIEN INTERNE DES HÔPITAUX DE PARIS.

PAMIERS,

IMPRIMERIE ET LIBRAIRIE DE T. VERGÉ.

—

1866.

A MONSIEUR DAUSSE,

Sous-Préfet de l'Arrondissement de Pamiers.

Monsieur le Sous-Préfet,

Vous m'avez chargé de vous donner quelques renseignements sur la ville de Pamiers, considérée au point de vue de l'hygiène. Je viens aujourd'hui vous soumettre mon faible travail, malgré les nombreuses lacunes qu'il présente. Je sais combien vous avez à cœur les intérêts de Pamiers, combien vous désirez le bien de notre cité. Aussi suis-je convaincu que, sous votre impulsion, la ville, déjà en voie de progrès depuis plusieurs années, marchera d'un pas rapide vers les sérieuses améliorations et prendra la place qu'elle est digne d'occuper.

Agréez, Monsieur le Sous-Préfet,
l'assurance de mon profond respect,

ALLAUX, d.-m.

Pamiers, le 21 février 1866.

CONSIDÉRATIONS HYGIÉNIQUES

SUR

LA VILLE DE PAMIERS

Présentées au Conseil d'Hygiène publique et de
salubrité de l'arrondissement de Pamiers.

MESSIEURS,

Rechercher les causes d'insalubrité d'un pays et les moyens de les faire disparaître, me semble un sujet bien digne de fixer notre attention. Indiquer à l'homme les dangers qui le menacent et lui apprendre à se maintenir en santé, n'est-ce pas toucher à ses plus chers intérêts?

Malgré les progrès de la civilisation moderne, notre état sur la terre est encore susceptible de beaucoup d'améliorations. De combien de maux ne sommes-nous pas affligés? Combien peu d'hommes meurent de mort naturelle et arrivent à un âge avancé? La famine, la guerre, les épidémies, les accidents et les maladies de toute sorte nous frappent au commencement de notre carrière. On peut dire, sans crainte d'être démenti, que la moyenne de notre vie [1] qui, il y a près d'un siècle, n'atteignait pas 26 ans et qui aujourd'hui dépasse 39, s'élèverait encore plus haut, si nous suivions toujours les sages préceptes de l'hygiène.

Les épidémies les plus meurtrières, le choléra, la peste, la fièvre jaune, le typhus, les affections paludéennes perdraient considérablement de leur intensité, si nous savions nous mettre à l'abri des miasmes qui corrompent l'atmosphère.

L'air, le premier des aliments, et le soleil si nécessaires à tout ce qui vit, pénètrent avec peine dans beaucoup d'habitations. L'air confiné, se combinant avec toutes les émanations qui se dégagent des produits végétaux et animaux que la paresse et la malpropreté laissent entassés dans les maisons ou sur la voie publique, devient la source d'un grand nombre de maladies, empoisonne l'existence de

---

(1) Vie moyenne de l'homme :
En 1784 —— 25 ans 8 mois.
En 1824 —— 32 id. 1 id.
En 1830 —— 34 id. 9 id.
En 1845 —— 37 id. 7 id.
En 1856 —— 39 id. 8 id.

A Paris, on comptait, en 1851, un décès sur 38 habitants; en 1856, un sur 39. Dans le nouveau Paris, l'année 1860 ne donne qu'un décès sur 40 habitants. Ce résultat est dû aux grands travaux accomplis dans la capitale, à la loi sur les logements insalubres, à l'établissement de nombreux égouts, à une plus large distribution d'eau, à l'accroissement du bien-être et aux progrès des sciences médicales.

Le paysan russe est encore à beaucoup d'égards, au-dessous de ce que nous étions en 1789. La vie moyenne, en Russie, ne dépasse pas 21 ans. La majorité des habitants de ce pays se compose d'enfants dont la plupart mourront avant la vingtième année. La France est, au contraire, la contrée qui possède le plus grand nombre d'adultes. Ils forment les deux tiers de sa population.

l'homme, surtout quand la misère, les privations et les excès ont déjà affaibli sa constitution, et le fait mourir avant le terme naturel.

Aussi, d'accord avec vous, je l'espère, sur l'importance de la santé publique et prêt à accepter, Messieurs, le concours de vos lumières, je décrirai, dans un premier paragraphe, les conditions hygiéniques de Pamiers, et dans un deuxième paragraphe, j'essaierai d'indiquer les moyens d'améliorer l'état actuel.

Pamiers, en effet, localité favorisée d'un beau climat, placée dans un site délicieux, environnée de riches campagnes, capable de devenir un centre industriel important, laisse beaucoup à désirer au point de vue de l'hygiène. Un grand nombre de rues, un grand nombre d'habitations manquent d'air, de lumière, de propreté et peuvent, dans certains moments, devenir le point de départ de maladies épidémiques.

Chercher à rémédier à cet état de choses me paraît capital; et nous sommes heureux de savoir que l'Administration municipale, puissamment secondée par les conseils éclairés de notre nouveau Sous-Préfet, prépare en ce moment un plan général de travaux destinés à l'embellissement et à l'assainissement de notre ville.

§ 1ᵉʳ.

CONDITIONS HYGIÉNIQUES

DE

LA VILLE DE PAMIERS.

1° Topographie.

Pamiers, la ville la plus populeuse et la plus importante du département, est située sur la rive droite de l'Ariége, dans un petit bassin remarquable par sa belle végétation.

De toutes parts la ville est entourée de hauteurs [1]. Au sud et à l'ouest, à gauche de la rivière, s'élèvent les coteaux du Terrefort ; à l'est et au nord, on aperçoit sur le côté opposé de l'Ariége les bords du lac qui occupait autrefois le pays et qui forment une sorte de cirque à plusieurs gradins. Au-dessus des rivages se trouve la vaste et fertile plaine de la Boulbonne qui s'étend jusqu'aux coteaux de l'Hers. Enfin à l'horizon, apparaît la chaîne des Pyrénées avec ses majestueux sommets couverts de neige.

Dans la partie centrale du bassin de Pamiers, le specta-

---

(1) Altitude des lieux au-dessus du niveau de la mer :
        Pamiers. . . . . . . 286 mètres.
        Laboriette. . . . . . 305 id.
        Millet. . . . . 313 id.
        Les Négrats. . . . . 431 id.
        Portoteni. . . . . . 442 id.

teur peut admirer deux bouquets de verdure, le Castella et le Calvaire, au pied des quels coulent les canaux dont les eaux, qui entourent la ville, donnent le mouvement à plusieurs usines importantes.

Aujourd'hui, l'emplacement de notre cité ne présente rien d'insalubre. Les anciens marécages ont presque entièrement disparu. Le lac de Pamiers [1] comblé insensiblement par des matériaux détachés des montagnes et des collines voisines demeura longtemps un vaste marais.

Peu à peu des terres fécondes remplacèrent ces eaux stagnantes dont on voit encore quelques restes du côté du marché aux chevaux, désigné sous le nom de Miliane.

Dans peu de temps ces terrains insalubres, recouverts complètement par les décombres que les habitants de notre ville y transportent tous les jours, n'existeront plus.

Aussi les fièvres intermittentes, si communes jadis dans le quartier de Lestang, si rares aujourd'hui, n'affligeront plus nos populations.

2° Météorologie.

Le climat de Pamiers est en général assez doux. Voici quelques résultats d'observations météorologiques faites à Pamiers, du printemps 1861, au printemps 1862, par M. Cazeaux, professeur au Collége.

Le baromètre a oscillé entre 745 et 719 millimètres. La station d'observation étant située à 286 mètres au-dessus du niveau de la mer : la hauteur moyenne a été de 734,^{mm}. 76.

---

(1) La géologie nous apprend que les Pyrénées, semblables autrefois aux Alpes de nos jours, possédaient un grand nombre de lacs. Ces immenses réservoirs d'eau placés sur le cours des rivières ont disparu pour la plupart comblés par les détritus de nos montagnes.

La moyenne thermométrique pour la même année s'est trouvée de 12°,84 centigrades ; les mois de juin et d'août ont fourni la plus élevée 23°,80 et 23°,54 et le mois de février la plus basse 4°,25. Le 15 août a été le jour le plus chaud avec un maximum de 37°,05; le mois de février nous a donné les jours les plus froids : les 9, 10, 11, 12 et 13 de ce mois, le thermomètre est descendu à 8° au-dessous de zéro ; aussi l'Ariége était-elle gelée en bien des endroits dans toute sa largeur; on sait en effet que les courants d'eau rapides commencent à se prendre à environ 7° au-dessous de zéro.

Pendant l'hiver dernier, c'est à peine si nous avons aperçu dans l'atmosphère quelques flocons de neige emportés par le vent ; depuis deux ans l'influence des montagnes ne s'est pas fait sentir.

L'année ordinaire se compose de 365 jours; sur ce nombre 156 ont été tout-à-fait beaux ; 40 nous ont enlevé la vue du soleil ; 115 ont été nuageux et 81 ont arrosé la terre d'une manière plus ou moins complète; malheureusement le 9 juin la grêle s'est largement mêlée à la pluie et a occasionné de graves dommages.

Les 81 jours de pluie ont produit, à l'altitude de 280 mètres, 623 litres d'eau par mètre carré ; en d'autres termes, si l'eau tombée n'avait pas été absorbée par le sol et ne s'était pas évaporée, elle aurait recouvert la surface du pays à une profondeur de 623 millimètres : le printemps a fourni 188 millimètres, l'été 122, l'automne 142 et l'hiver 171. Les deux mois qui ont donné le plus d'eau sont le mois de juin, qui a contribué pour 130 millimètres, et le mois de mars pour 115 millimètres. Les deux mois les plus secs ont été le mois d'août (3 millimètres) et le mois d'avril (15 millimètres).

Deux vents règnent à Pamiers d'une manière à peu près exclusive et alternative : ce sont le vent d'Ouest et le vent d'Est, vulgairement nommé vent d'autan.

Leur direction oscille autour de ces deux positions, tout en se maintenant en général dans la ligne O. N.-O. et E. S.-E. Le changement s'opère souvent à vue d'œil et d'une manière presque brusque. Toutefois on peut le prévoir en observant les courants de sens contraire rendus manifestes par les nuages. Le vent qui doit remplacer l'autre commence à souffler dans les régions supérieures. Il baisse peu à peu et finit par détruire complètement le courant inférieur.

L'observation du baromètre permet d'annoncer la transition. L'oscillation descendante accompagne le vent d'autan et l'oscillation contraire le vent d'ouest.

Dans nos régions, la diminution de hauteur barométrique doit être considérée avant tout, non comme annonçant la pluie mais la prochaine apparition des vents d'Est. Il est digne de remarque qu'il ne pleut pas, tant que souffle le vent d'autan, mais ordinairement la disparition de ce vent amène la pluie.

3° Eaux.

Le tableau suivant nous donne le résultat des expériences faites par notre collègue, M. Soula, au moyen de l'hydrotimètre. Nous y trouverons la composition des Eaux de Pamiers.

ANALYSE CHIMIQUE DES EAUX DE PAMIERS
par le procédé hydrotimétrique de Boutron-Charlard et Boudet.

L'ANALYSE PORTE sur un litre de chacune des Eaux ci-dessous.	Acid. Carbonique et air atmosphérique.	SULFATE de CHAUX.	CARBONATE de CHAUX.	SELS de MAGNÉSIE.	CHLORURES.	TOTAL des sels PAR LITRE.	MATIÈRE organique.	Degrés de l'eau dans l'échelle hydrotimétrique.
ARIÉGE { Échantillon pris dans le Canal du moulin au-dessus du pont.	0,0050	0,0420	0,0309	0,0200	Précipitent peu par l'azotate d'argent.	0,0929	3° 8/10	9°
CANAL DES CARMES { Échantillon pris au pont des Carmes.	0,0050	0,0420	0,0309	0,0200		0,0929	5°	9°
CANAL Ste-HÉLÈNE { Échantillon pris au pont Ste-Hélène.	0,0050	0,0420	0,0309	0,0200		0,0929	6°	9°
FONTAINE DU TOURONC.	0,0000	0,1260	0,1648	0,0300	Précipitent plus que les trois ci-dessus par l'azot. d'argent.	0,3208	2° 4/10	29°
id. DE Ste-HÉLÈNE.	0,0000	0,1260	0,1648	0,0300		0,3208	2° 4/10	29°
id. DE Ste-NATALÈNE.	0,0000	0,0980	0,1957	0,0200	Précipité peu abondant avec l'azot. d'argent.	0,3137	2°	28°
id. DU MAS St-ANTONIN.	0,0000	0,0280	0,1440	0,0300		0,2028	1°	19°

Remarques :
1° Les sels de magnésie doivent probablement exister dans les eaux ci-dessus à l'état de chlorures. On peut remarquer en effet que celles qui contiennent le moins de ces sels, sont celles qui précipitent le moins avec l'azotate d'argent.
2° La quantité de matière organique a été déterminée au moyen de la solution de permanganate de potasse rouge au millième. Chaque centimètre cube de cette liqueur décolorée représente 1° de matière organique.
3° Les eaux des puits de Pamiers sont généralement chargées de sulfate calcaire et très impropres à la boisson et aux usages économiques.

H. S.

Afin d'apprécier les résultats fournis par l'analyse précédente, nous devons indiquer les caractères des eaux potables et examiner ensuite si l'Ariége et les fontaines de notre pays peuvent servir de boisson et être employées pour les usages domestiques.

Une eau potable doit être fraîche, limpide, sans odeur, et avoir une saveur peu prononcée, ni fade, ni salée, ni douce. Elle doit dissoudre le savon, sans former de grumeaux et être propre à la cuisson des légumes.

Une faible proportion d'acide carbonique et d'air en dissolution rend l'eau plus agréable et lui donne des propriétés digestives. Plusieurs auteurs ont pensé que le défaut d'oxygène dans les eaux provenant de la fonte des neiges produisait certaines affections endémiques particulières aux vallées des hautes montagnes : le goître et le crétinisme.

Une quantité trop considérable de matières organiques rend l'eau putrescible et nuisible à la santé de l'homme, en devenant le point de départ de diarrhées, de dyssenteries et d'autres maladies.

Une faible quantité de sels magnésiens n'a pas d'inconvénients sérieux.

Le bi-carbonate de chaux, dans la proportion d'un demi-millième, favorise la digestion et concourt à la nutrition des jeunes enfants, en fournissant à leurs os un élément indispensable, la chaux.

Quant au sulfate de chaux, il donne à l'eau une saveur douce et fort désagréable et l'empêche de dissoudre le savon et de cuire les légumes. La présence de ce sel dans l'eau, en proportion notable, est une condition mauvaise.

Les chlorures en faible quantité n'ont pas d'action fâcheuse.

Ces données établies, nous pouvons apprécier la valeur des eaux de Pamiers.

L'Ariége possède des eaux excellentes, propres à la boisson et aux usages culinaires ou domestiques.

L'eau prise dans les canaux de la ville n'est pas aussi bonne : elle renferme plus de matière organique que celle qui coule dans le lit naturel de la rivière.

Les eaux des fontaines du Touronc et de Sainte-Hélène sont moins salutaires à cause du sulfate de chaux qu'elles contiennent.

L'eau de Sainte-Natalène, moins riche en sulfate de chaux, est préférable aux deux dernières sources.

Après les eaux de l'Ariége, celles du Mas Saint-Antonin sont les meilleures.

4° Alimentation.

Le genre d'alimentation des habitants de Pamiers n'offre rien de particulier. Le pain, généralement de bonne qualité, est préparé avec de la farine de froment seule ou mélangée avec celle de maïs. Le porc salé, les légumes, les choux, les pommes de terre constituent le fond de la nourriture.

La classe ouvrière serait beaucoup plus vigoureuse, et par suite donnerait une plus grande somme de travail, si sa position de fortune lui permettait plus souvent d'avoir recours à la viande de boucherie.

En résumé, l'habitant de Pamiers se nourrit bien, et généralement il peut, le dimanche, mettre *la poule au pôt*. Rarement nous avons à combattre les maladies résultant d'une mauvaise alimentation.

5° Boisson.

La boisson ordinaire de notre pays est le vin; nous devons distinguer le vin pur et le petit vin.

Le vin de Pamiers, jadis très renommé et servi même, dit-on, sur la table des rois, est aujourd'hui trop souvent préparé avec des raisins qui ne sont pas suffisamment mûrs; aussi est-il fréquemment de qualité inférieure.

Les coteaux du Terrefort fournissent un vin blanc fort prisé.

6° Habitations.

Combien de maisons, à Pamiers, surtout dans les rues étroites, péchent contre les premières règles de l'hygiène! Que d'habitations humides et mal disposées, sans caves, sans planchers! Sur le sol tout nu on aperçoit des tas de fumier en fermentation, dégageant des odeurs repoussantes. Les portes et les fenêtres, d'une dimension insuffisante, ne permettent pas à l'air et à la lumière de circuler dans ces tristes réduits. Souvent leur étendue n'est pas en rapport avec le nombre de leurs habitants; aussi l'air s'y renouvelant avec difficulté, y est-il bientôt vicié par le produit de l'exhalation pulmonaire.

Les latrines manquent en général. Si elles existent, on les trouve mal construites, répandant des odeurs fétides et plus nuisibles qu'utiles.

Les eaux ménagères s'accumulent fréquemment dans ces demeures et constituent une nouvelle cause d'infection. La malpropreté et l'incurie paraissent avoir établi leur séjour dans ces lieux.

Qu'arrivera-t-il quand la présence de gros animaux, tels que chevaux et bœufs, jointe à celle des porcs, des oiseaux de basse-cour, poules, oies, canards viendra augmenter le mal, surtout pendant les chaleurs de l'été. Les émanations et les miasmes de toute sorte se dégageant alors, deviendront l'occasion ou favoriseront le développement d'affections épidémiques.

Quel service immense rendra l'Administration qui assainira ces quartiers et qui fera aimer par la population les habitudes de propreté et d'ordre jusqu'ici inconnues !

7° Rues.

Plusieurs rues larges, nettes, bien aérées et présentant une légère pente pour favoriser l'écoulement des eaux pluviales et ménagères sont irréprochables au point de vue de la salubrité.

D'autres, au contraire, non-seulement sont trop étroites pour donner libre accès à l'air et aux rayons du soleil, mais encore se font remarquer par les ordures de toute espèce qui s'y trouvent accumulées.

Ailleurs, des matières animales et végétales en décomposition croupissent dans des ruisseaux à pente trop faible et dont les eaux s'écoulent difficilement. Les émanations de ces rues, principalement pendant les chaleurs, altèrent l'atmosphère et peuvent devenir la source de beaucoup de maux.

Ajoutons à cela que la majorité des maisons étant, nous l'avons déjà dit, dépourvues de latrines, les matières fécales, sont délayées et répandues dans les ruisseaux. Le sang et les débris des porcs égorgés dans les maisons particulières, faute d'abattoirs, portent le mal à son comble, et viennent angmenter les causes d'infection.

8° Population.

Le mouvement de la population de Pamiers présente les chiffres suivants :

1841 — 6889.
1846 — 7290.
1851 — 7459.
1856 — 7631.
1861 — 7924 [1].

Le tableau ci-après donne le rélevé des naissances, des décès et des mariages pendant les douze dernières années.

Années.	Naissances.	Mariages.	Décès.	Morts-nés.	Différence en faveur des	
					Naissances.	Décès.
1854	186	57	354	13	—	168 choléra.
1855	180	60	221	14	—	41
1856	198	45	248	10	—	50
1857	171	45	195	14	—	24
1858	181	57	181	7	—	—
1859	161	48	191	20	—	30
1860	170	53	162	12	8	—
1861	185	49	196	12	—	11
1862	187	57	204	18	—	17
1863	166	52	171	17	—	5
1864	164	57	176	8	—	12
1865	183	47	210	14	—	27

Les morts-nés ne sont pas compris dans la différence.

En résumé le chiffre des habitants de Pamiers s'élève constamment depuis 1841.

(1) Nous avons lieu de croire que la population de Pamiers est supérieure au chiffre du dernier recensement. Du reste nous serons bientôt édifiés à ce sujet par le prochain dénombrement quinquennal.

— 20 —

De 1856 à 1861, la population a augmenté de près de 300 âmes, et cependant le nombre des décès, d'après le registre de l'état civil, l'emporte presque toujours sur celui des naissances ; ce fait se reproduit de 1861 à 1865.

Sans l'arrivée des étrangers, la population de Pamiers irait en diminuant.

La prédominance des naissances sur les décès étant la règle générale, et Pamiers faisant exception sous ce rapport, il nous est permis de nous en prendre, pour une grande part, aux mauvaises conditions hygiéniques de la ville.

9° Agriculture.

L'agriculture joue un grand rôle dans le pays.

Le canton de Pamiers est riche [1] et fournit en grains plus qu'il n'en faut pour nourrir ses habitants.

Les demeures des cultivateurs sont très-souvent mal situées, malsaines, mal aérées. Devant les maisons se trouvent des fumiers et des mares d'un niveau variable, susceptibles d'exhaler des miasmes très insalubres et capables de déterminer des maladies.

Les jardiniers sont sujets aux affections qui résultent de l'humidité.

10° Industrie.

L'industrie de Pamiers nous présente des filatures et plusieurs usines importantes, notamment l'usine métallurgique.

Les ouvriers occupés dans ce dernier établissement sont exposés à des températures élevées et doivent prendre des

---

[1] En 1865, 8,440 hectares ensemencés en froment, méteil, seigle, orge, maïs, sarrasin, avoine et pommes de terre ont donné 117,878 hectolitres.
Cette quantité divisée par la population cantonale de 16,716 donne pour résultat 7 hectolitres 1/20 ce qui avec les légumes et autres menus grains est plus que suffisant pour l'alimentation de chaque habitant.

précautions pour éviter les transitions brusques du chaud au froid, cause fréquente de maladies.

Pendant leur travail ils ne doivent pas faire usage d'eau fraîche. En été il est bon de leur préparer une boisson composée d'un mélange d'eau, de café et d'une petite quantité d'eau-de-vie.

11° Établissements insalubres.

Signalons l'établissement d'équarrissage. De nouveaux réglements seront prochainement mis en vigueur et désormais les inconvénients de cette industrie seront considérablement diminués.

Notons aussi une tannerie située au milieu des habitations dans le quartier de Loumet.

12° Maladies régnantes.

Les maladies régnantes sont les fièvres muqueuses, les fièvres éruptives, rougeole, scarlatine, variole, suette miliaire ; la coqueluche, le croup, les angines couenneuses, la cholérine, pendant les chaleurs de l'été, les érysipèles.

Les fièvres intermittentes nées dans le pays sont devenues rares.

La plupart de ces affections étant de nature miasmatique indiquent la nécessité d'assainir la ville et de faire disparaître les causes nombreuses d'insalubrité qui existent dans beaucoup de maisons et de rues.

Tel est, Messieurs, selon moi, l'exposé succinct de la situation actuelle de Pamiers envisagée au point de vue de l'hygiène. Je vais passer à la deuxième partie de mon travail.

§ IIe.

DES AMÉLIORATIONS A APPORTER

AUX

CONDITIONS HYGIÉNIQUES,

DE PAMIERS.

Il est incontestable que l'état sanitaire de notre ville a beaucoup gagné au dessèchement des anciens marécages. Les fièvres intermittentes, si communes autrefois, et qui régnaient endémiquement dans le quartier de l'Estang, comme nous l'avons déjà dit, sont devenues bien rares aujourd'hui. Néanmoins on ne doit pas s'arrêter en si bon chemin et il est nécessaire d'achever l'œuvre si bien commencée. Aussi, nous ne saurions trop approuver les travaux qui doivent s'exécuter aux prés de la ville et qui auront pour but de niveler cette vaste étendue de terrain.

Grâce à la générosité de notre confrère, M. Ourgaud, une fontaine monumentale s'élèvera au centre de cette belle place, et Pamiers assaini aura une magnifique promenade de plus, à laquelle viendront aboutir de nouvelles rues.

Notre ville située dans une dépression de terrain se trouve à l'abri des vents. Les coteaux et les terres élevées qui l'entourent la protègent de toute part.

Cette position avantageuse d'un côté a ses inconvénients

de l'autre : elle favorise le règne de l'humidité [1] et est un obstacle à la dispersion des miasmes et des émanations qui se dégagent du sol.

Aussi, pour obtenir des améliorations sérieuses à la santé publique nous devons principalement nous occuper des rues et des habitations.

Là, en effet, réside le mal. Et d'abord une grande lacune existe à Pamiers : notre pays, entouré d'eau de toute part et dont les jardins féconds sont arrosés par les eaux de l'Ariége, est dépourvu de fontaines.

Depuis longtemps les riches et les pauvres les réclament.

Sans eau, en effet, il est difficile de maintenir la propreté dans une ville et d'assainir les rues, les maisons et leurs dépendances.

On s'occupe de cette question, et nous espérons que bientôt notre cité possèdera cet établissement de première nécessité. Avec l'eau des fontaines, les ruisseaux, si sales pendant l'été, deviendront propres. Les matières organiques décomposées seront entraînées au loin. Mais il sera indispensable de construire des trottoirs à gorge. L'eau coulera plus rapidement, entraînera avec plus de facilité les débris corrompus qui ne pourront pénétrer dans les interstices des pierres. Il serait très utile qu'au pied de chaque borne se trouvât un conduit souterrain, afin que l'on pût à volonté laisser l'eau parcourir les ruisseaux pour les nettoyer ou bien la faire disparaître dans le canal profond pendant les jours de pluie ou de glace.

Il est encore nécessaire de surveiller le pavage, de relever les cailloux déprimés, pour éviter des foyers insalu-

---

(1) A cet égard les vieux murs d'enceinte, dont quelques débris subsistent encore et qui étaient une nouvelle cause d'insalubrité, ont heureusement disparu.

bres de substances organiques et d'eau croupissante et de tenir nos égouts dans un état constant de propreté.

Dans les rues étroites où il serait impossible de placer des trottoirs, on pourrait recouvrir le pavé des ruisseaux d'une couche de ciment. On éviterait par ce moyen l'infiltration des matières nuisibles dans le sol.

Avec les améliorations que nous venons d'indiquer, on doit exiger des habitants des soins de propreté de tous les jours.

Chaque matin et plusieurs fois dans la journée, si la chose est nécessaire, il faut balayer les ruisseaux et les voies publiques.

Les boues, les immondices, toutes les substances végétales, cadavres ou débris d'animaux, matières fécales devront soigneusement être ramassés et mis en tas, afin que l'entrepreneur chargé de les enlever puisse les transporter de bonne heure loin de la ville. On sait que tous ces détritus riches en principes organiques fournissent un précieux engrais à l'agriculture.

Il faut, en outre, veiller attentivement à ce que les eaux ménagères ou autres ne soient pas jetées par les croisées, comme cela arrive trop fréquemment.

Pendant l'été on doit prescrire l'arrosement des rues.

Par ce moyen, au moment des grandes chaleurs, on rafraîchit l'air et l'on abat la poussière. Mais il est indispensable de se servir d'eau pure et non de l'eau stagnante des ruisseaux.

Si on suit tous les jours ces prescriptions si utiles, les rues de Pamiers ne répandront plus d'odeur infecte et nous gagnerons tous en sécurité.

Combien il nous paraîtrait nécessaire, en outre, pour obtenir l'élargissement de nos vieilles rues si étroites, d'adopter un plan d'alignement en rapport avec nos besoins actuels. Par cette mesure, la ville s'assainirait d'année en année, l'air et la lumière pénétrant dans les quartiers resserrés, l'humidité qui y règne constamment finirait par disparaître [1].

Du côté des habitations se trouvent des vices plus grands, plus difficiles à extirper sans doute, mais dont une surveillance active et les progrès du temps pourraient avoir raison.

Là, que voyons-nous en effet? Des maisons humides sans air, sans lumière, des amas de fumier, des animaux de toute sorte en cohabitation avec l'homme, et pour comble, absence de latrines ou bien latrines mal disposées.

Sous l'influence de ces causes l'air vicié fait naître des épidémies graves, mine sourdement la constitution de l'homme, produit à la longue l'étiolement et les affections scrofuleuses. A ce mal il est urgent de chercher un remède. A quoi servirait la propreté des rues si nous avions des foyers d'infection dans nos maisons?

Et d'abord, on doit enlever fréquemment et transporter aux champs les fumiers dont l'amoncellement, au sein des demeures, est une mauvaise pratique aussi bien en hygiène qu'en agriculture : la conservation des fumiers dans les étables compromet la vie des animaux surtout à l'époque des chaleurs.

Quant à la coutume d'élever dans les habitations les porcs, les oies, les canards, etc., nous ne croyons pas pouvoir en demander la suppression : un grand nombre de familles se nourrissent de la chair de ces animaux. Mais si,

---

[1] Les vieilles maisons chargées de toits empiétant considérablement sur la voie publique contribuaient à rendre nos anciennes rues sombres et humides. On doit chercher autant que possible à corriger cette disposition.

par suite de malpropreté, d'abus ou de toute autre cause [1], cette tolérance venait à constituer un danger, nos concitoyens comprendraient facilement qu'une sage administration s'en préoccupe et cherche à y porter remède.

La loi sur les logements insalubres qui, dans un but d'ordre public et d'humanité, « n'aspire qu'à faire modestement, peu à peu, avec intelligence et charité, un bien réel et pratique aux plus malheureux enfants de la patrie commune », nous permet de nommer une Commission d'assainissement chargée d'étudier les mesures à prendre dans l'intérêt de tous [2].

Nous proposons encore, Messieurs, la création d'urinoirs et de latrines publiques. Les habitants des maisons dépourvues de fosses d'aisance ne se trouveront plus dans la nécessité de jeter les excréments dans les rues; à l'avenir nous voudrions que personne ne pût bâtir une maison, sans que

---

(1) Les locaux destinés à l'élève des vaches laitières, des chèvres, des ânesses et parfois en même temps des porcs, des oiseaux de basse-cour et des lapins, quand ils existent dans des villes au-dessus de 5,000 âmes, sont considérés comme établissements incommodes et rangés dans la troisième classe.

(2) Les commissions d'assainissement des logements insalubres indiquent les améliorations à opérer :
1° Faire cesser l'humidité du sol ou des murailles des habitations.
2° Assurer une bonne ventilation des logements.
3° Proportionner le nombre des habitants à l'espace que présentent les différentes pièces et notamment les chambres à coucher.
4° Donner un éclairage suffisant aux chambres habitées.
5° Assainir les parties les plus malsaines de l'habitation au moyen de l'eau chlorurée ou de l'eau de chaux.
6° Faire disparaître des cours et autres parties voisines des logements les dépôts de fumier ou amas de matières végétales en décomposition.
7° Donner aux eaux stagnantes un écoulement régulier.
8° Tenir en bon état de propreté les étables et les écuries.
9° Empêcher les cabinets d'aisance et les fosses à engrais de devenir des foyers d'infection.
10° Faire disparaître en général toutes les causes d'insalubrité inhérentes aux habitations.

le plan des lieux ne fût soumis à une commission compétente : elle aurait pour but de s'assurer que l'habitation future sera bien aérée et renfermera des fosses d'aisance établies d'après les règles de l'hygiène.

Pamiers n'a pas d'abattoirs pour les cochons. Ces animaux sont égorgés dans les maisons particulières à la vue du public ; leur mort sert souvent de spectacle immoral ; les rues sont souillées de sang, de détritus de toute sorte, d'eaux infectes ou corrompues. Il est donc nécessaire de construire des abattoirs. La dépense pourrait du reste donner un bon revenu.

En finissant, résumons en quelques mots les réflexions ci-dessus et les améliorations facilement réalisables.

Notre climat est beau, notre ville entourée d'eau courante au milieu de la verdure, à l'abri des vents, présente une situation privilégiée. Les marais qui empoisonnaient l'air que nous respirons vont achever de disparaître. Notre campagne nous fournit des aliments abondants et des raisins capables de produire un bon vin. Nous pouvons dire que si notre pays offre des causes d'insalubrité, c'est à nous que nous devons nous en prendre.

Que les FONTAINES si ardemment désirées nous soient bientôt données ; elles contribueront puissamment à la propreté de la ville avec les TROTTOIRS A GORGE, les RUISSEAUX CIMENTÉS et un PAVAGE BIEN ENTRETENU.

Que les réglements concernant le NETTOIEMENT DES RUES, l'ENLÈVEMENT des IMMONDICES et L'ARROSAGE pendant les chaleurs soient fidèlement exécutés.

Ayons un PLAN D'ALIGNEMENT adapté aux exigences locales, et peu à peu les rues étroites s'élargiront.

Qu'une COMMISSION D'ASSAINISSEMENT POUR LES LOGE-

MENTS INSALUBRES exerce de tout côté une influence salutaire et bienfaisante.

Qu'une autre COMMISSION SPÉCIALE examine le PLAN DE TOUTES LES MAISONS que l'on se propose de construire, afin de savoir si la nouvelle habitation sera conforme aux règles de l'hygiène et renfermera des fosses d'aisances bien établies.

En attendant on pourrait créer des LATRINES PUBLIQUES.

Enfin élevons des ABATTOIRS POUR LES PORCS et surveillons tous les ÉTABLISSEMENTS INSALUBRES.

Notre ville présentera alors un aspect bien différent et sera bien moins exposée à se voir décimée par les épidémies qui nous menacent aujourd'hui.

Je ne sais si dans la dernière partie de mon travail j'ai touché à des applications légales ; à cet égard je déclare avoir donné mon opinion indépendamment de toute espèce de considération, mû seulement par la pensée d'indiquer ce qu'il y aurait à faire selon moi pour assainir Pamiers.

FIN.

SÉANCE DU 21 FÉVRIER 1866.

Conseil d'hygiène et de salubrité publique réuni dans le lieu ordinaire de ses séances, sous la présidence de M. le Sous-Préfet.

Présents : Messieurs DAUSSE, Sous-Préfet; PEIRE; OURGAUD; ALLAUX; PAULY; SOULA; BOUÉ; CABANIÉ; MARFAING.

Sous l'impression de la séance si importante de ce jour, dans laquelle ont été traitées, sous les auspices et les inspirations heureuses de son très honoré Président, les questions du plus haut intérêt touchant la salubrité publique et la prospérité de la ville de Pamiers;

Après avoir écouté, sur ces questions pleines d'actualité, les grands projets en voie d'exécution et les sages appréciations de M. le Sous-Préfet, qui attestent combien ce Magistrat prend à cœur les intérêts du pays;

Après avoir entendu la lecture instructive d'un travail remarquable de l'un de ses membres, M. Allaux, sur l'hygiène de la ville, chef-lieu de l'arrondissement;

Le Conseil d'hygiène et de salubrité publique éprouve le besoin de consacrer cette mémorable séance en témoignant à M. le Sous-Préfet sa reconnaissance unanime pour l'impulsion active et efficace qu'il sait imprimer à tous les travaux qui intéressent la santé et la prospérité publiques comme à toutes les branches de son administration;

Et d'exprimer à M. le docteur Allaux tous ses remercîments pour son excellent rapport hygiénique, si complet dans sa concision, et si conforme aux besoins sanitaires de la ville de Pamiers, rapport sous forme de considérations hygiéniques, dont le Conseil vote l'impression.

Suivent les Signatures.

www.ingramcontent.com/pod-product-compliance
Lightning Source LLC
Chambersburg PA
CBHW060728050426
42451CB00010B/1681